BEYOND TIME
DESVENDANDO A HABILIDADE DE AJUSTAR O QU

KATIA DORIA FONSECA VASCONCELOS

Dedicatória:

Aos meus amados filhos, Mario (Teik), Bruna, Victor e Bárbara, que são a inspiração e o motivo de minha busca incessante pelo conhecimento. Vocês são minha força e motivação para compartilhar minhas ideias e experiências.

Ao meu marido José de Vasconcelos Filho, cuja colaboração e apoio foram fundamentais na criação deste livro. Sua dedicação e suporte inabaláveis são um presente precioso em minha vida.

Aos meus queridos netos, Davi, Vivi e João Gabriel, que representam a continuidade de nossas histórias e a esperança de um futuro brilhante. Que este livro possa inspirá-los a explorar suas paixões e a buscar a verdade em todas as coisas.

Aos meus genros e noras, Nikolas Bucvar, Eduardo, Jana e Jacque, que fortalecem nossa família com seu amor, apoio e contribuições valiosas.

Agradeço por fazerem parte dessa jornada e por compartilharem suas perspectivas e experiências enriquecedoras.

Que esteja dedicado a todos vocês, minha amada família, com todo o meu amor e gratidão.

Katia Doria Fonseca Vasconcelos

Seja bem-vindo(a) a uma jornada fascinante em direção ao equilíbrio e sucesso em todas as áreas da sua vida. Prepare-se para desvendar a métrica e o parâmetro essenciais para alcançar resultados excepcionais e se destacar como uma pessoa além do nosso tempo. Bem-vindo(a) ao mundo do QU.

O QU (Quociente de Inteligência Universal Sincrônico) é muito mais do que uma simples medida. Ele representa os indicadores primordiais que impulsionam a excelência e o progresso em todos os aspectos da vida. Visão 360, resiliência, controle emocional, adaptabilidade e sincronicidade são os pilares que sustentam o QU e permitem que você se autoajuste automaticamente, tornando-se uma pessoa de sucesso em qualquer área que escolher.

Ao longo deste livro, mergulharemos nas profundezas do QU, explorando sua natureza e aplicação prática. Desvendaremos como esses princípios fundamentais podem transformar sua jornada pessoal e impulsionar seu potencial ao máximo.

Se você já compreende a importância desses indicadores e já se ajusta automaticamente, parabéns! Você é uma pessoa excepcionalmente especial, alguém que está além do nosso tempo. Os temas abordados aqui ressoarão em seu ser, validando suas escolhas e inspirando-o(a) a alcançar ainda mais.

Mas se você ainda está começando a desvendar o poder do QU, este livro será seu guia. Desafie-se a enxergar além do comum, a expandir sua percepção e a se adaptar a novas possibilidades. Este é o momento de se conectar com sua visão 360, desenvolver sua resiliência, cultivar um controle emocional sólido, abraçar a adaptabilidade e sintonizar-se com a sincronicidade do universo.

Este livro é um convite para explorar a essência do QU e integrá-lo em sua jornada pessoal. Permita-se ajustar seus potenciais e descobrir o poder transformador de estar em sintonia com o seu verdadeiro eu. O QU será seu guia confiável, capacitando-o(a) a prosperar em todas as áreas da vida.

Bem-vindo ao mundo fascinante de "Beyond Time: Desvendando a Habilidade de Ajustar o QU". Prepare-se para embarcar em uma jornada única que transformará sua maneira de enxergar a vida e o mundo que nos cerca. Este livro promete abrir suas mentes para possibilidades além do tempo, oferecendo uma compreensão mais profunda e uma perspectiva totalmente nova.

Se você já leu os livros anteriores sobre o QU e se identificou com esse conceito poderoso, parabéns!

Você é uma pessoa especial, alguém que está além do seu tempo. E aqui, neste livro, você encontrará uma riqueza de informações e insights que ressoarão profundamente com sua visão de mundo. Estamos prestes a explorar temas envolventes e reveladores, que só serão compreendidos por aqueles que têm a habilidade de enxergar além do óbvio.

Mas, se você ainda não teve o prazer de conhecer a teoria do QU, prepare-se para uma experiência de leitura verdadeiramente transformadora. Esta é a sua chance de ser transportado para uma viagem fascinante, onde os véus do tempo serão levantados, revelando segredos e conhecimentos ocultos. Aqui, você descobrirá como ajustar o QU pode abrir portas para uma compreensão mais profunda da realidade e do seu papel nela.

Nossas páginas estão repletas de revelações surpreendentes, desde as mudanças climáticas que estão moldando nosso planeta, até a desaceleração do núcleo da Terra e suas consequências. Você ficará maravilhado com os avistamentos de Óvnis e as recentes admissões do Pentágono sobre sua existência. Além disso, exploraremos o impacto do superaquecimento global, as capacidades avançadas das inteligências artificiais e as tendências políticas que moldam nosso futuro.

Mas não paramos por aí. Mergulharemos fundo nas fronteiras da ciência, desafiando teorias antigas e abraçando as descobertas da física quântica. Juntos, exploraremos uma nova realidade emergente, uma realidade que só pode ser enxergada por aqueles que têm a habilidade de ajustar o QU. Você será inspirado a desenvolver suas próprias habilidades de percepção, adaptabilidade e controle emocional, preparando-se para um futuro que está além do nosso tempo.

Então, prepare-se para ser cativado, para ter sua mente expandida e para despertar para uma nova visão do mundo. "Beyond Time: Desvendando a Habilidade de Ajustar o QU" é mais do que um livro, é uma jornada de descobertas e uma oportunidade de se conectar com uma realidade oculta. Esteja pronto para desafiar sua perspectiva atual, pois o desconhecido espera por você. Embarque nesta jornada conosco e mergulhe em um mundo além do tempo.

Sumário

O QU (Quociente de Inteligência Universal Sincrônico) é mais do que uma simples medida. Ele é um conceito holístico que abrange aspectos técnicos, emocionais e espirituais, e desempenha um papel fundamental no sucesso humano. Diversos estudos científicos e pesquisas exploraram os diferentes aspectos do QU e seus efeitos nas diversas áreas da vida humana.

Um estudo realizado por pesquisadores da Universidade de Stanford destacou a importância do desenvolvimento da resiliência e do controle emocional na obtenção de resultados positivos em carreiras e relacionamentos. Essa pesquisa demonstrou como a capacidade de lidar com adversidades e controlar as emoções contribui para a tomada de decisões acertadas e a construção de relacionamentos saudáveis e produtivos.

Clayton Christensen, renomado professor de Administração de Empresas em Harvard, ressalta que a inovação disruptiva requer uma mudança de abordagem e a superação de paradigmas ultrapassados. Ele destaca que o sucesso está em abraçar a mudança e adaptar-se rapidamente às novas circunstâncias.

Daniel Kahneman, psicólogo e economista ganhador do Prêmio Nobel, nos lembra que nossas decisões são influenciadas pela forma como vemos os problemas. Ao adotarmos uma perspectiva positiva e encararmos os desafios como oportunidades de aprendizado, podemos tomar decisões mais acertadas e alcançar resultados superiores. A teoria da inteligência emocional, desenvolvida por Daniel Goleman, também se alinha ao conceito do QU, enfatizando a importância do equilíbrio emocional para o sucesso pessoal e profissional.

Howard Gardner, renomado psicólogo e professor da Harvard Graduate School of Education, destaca a importância de equilibrar e desenvolver todas as nossas inteligências. Ele nos encoraja a reprogramar nossa abordagem educacional, valorizando não apenas a inteligência lógico-matemática, mas também a inteligência emocional, musical, espacial e outras, permitindo-nos explorar todo o nosso potencial.

Esses grandes nomes, juntamente com outros defensores do pensamento inovador, reforçam a importância de adotar uma nova perspectiva diante dos problemas. Ao equilibrarmos nossos potenciais por meio da visão 360, resiliência, adaptabilidade, sincronicidade e controle emocional, estaremos preparados para enfrentar os desafios com confiança, criatividade e eficácia.

Neste livro, exploraremos de forma abrangente os princípios do QU e como eles se relacionam com diferentes áreas da vida humana. Analisaremos pesquisas científicas, estudos de caso inspiradores e teorias relevantes para fornecer uma visão ampla e fundamentada sobre o equilíbrio do QU e seu impacto no sucesso pessoal e profissional.

Agora, vamos mergulhar na exploração detalhada dos cinco princípios do QU: Visão 360, Resiliência, Adaptabilidade, Sincronicidade e Controle Emocional. Cada um desses princípios desempenha um papel fundamental na busca do equilíbrio e no desenvolvimento de seus potenciais.

A Visão 360 envolve ter uma perspectiva ampla e abrangente de todas as dimensões de sua vida. É a capacidade de enxergar além do óbvio, de compreender as interconexões entre diferentes áreas e de identificar oportunidades que outros podem não perceber. Nos desafios relacionados à Visão 360, você será estimulado a explorar diferentes ângulos e considerar diferentes perspectivas para tomar decisões informadas.

A Resiliência é a capacidade de lidar com adversidades, superar obstáculos e se recuperar rapidamente de situações desafiadoras. É a habilidade de se adaptar diante de mudanças e continuar avançando, mesmo diante de dificuldades. Nos desafios de Resiliência, você será desafiado a enfrentar situações difíceis, aprender com elas e encontrar maneiras de se fortalecer diante das adversidades.

A Adaptabilidade é a habilidade de se ajustar e se adaptar a diferentes circunstâncias e demandas. É a capacidade de ser flexível, aberto a mudanças e disposto a experimentar novas abordagens. Nos desafios de Adaptabilidade, você será desafiado a sair da sua zona de conforto, experimentar novas formas de fazer as coisas e se adaptar às mudanças em seu ambiente.

O Controle Emocional envolve a capacidade de gerenciar suas emoções de forma eficaz, especialmente em situações de pressão e estresse. É a habilidade de manter a calma, tomar decisões racionais e lidar com os desafios de forma equilibrada. Nos desafios de Controle Emocional, você será desafiado a reconhecer suas emoções, desenvolver estratégias para lidar com elas e manter o equilíbrio emocional em situações desafiadoras.

A Sincronicidade refere-se à harmonia e coordenação de suas ações no ambiente em que você está inserido. É a habilidade de sincronizar suas tarefas, projetos e objetivos para obter um fluxo de trabalho eficiente e eficaz. Nos desafios de Sincronicidade, você será desafiado a organizar suas atividades, estabelecer prioridades e encontrar maneiras de otimizar seu tempo e recursos.

O QU pode ser definido como uma métrica e um parâmetro que nos permitem mensurar e avaliar objetivamente os potenciais humanos ao longo do tempo e entre indivíduos. Ele nos oferece uma visão clara de onde estamos em relação ao equilíbrio desses potenciais e identifica áreas que precisam ser desenvolvidas para alcançar um equilíbrio mais efetivo. A determinação do QU envolve a avaliação de cada uma das dimensões mencionadas anteriormente. Cada dimensão recebe uma pontuação com base em uma escala específica, refletindo o nível de desenvolvimento ou habilidade em cada área. Essas pontuações são então combinadas para calcular o QU total de uma pessoa.

Como métrica, o QU nos fornece um critério de referência, um ponto de referência ou limite para avaliar o equilíbrio dos potenciais. Isso nos ajuda a determinar se estamos atingindo um equilíbrio adequado em cada uma das dimensões avaliadas. Com base nesse parâmetro, podemos traçar estratégias e aprimoramentos para alcançar um equilíbrio mais efetivo. O QU vai além de uma simples avaliação, pois busca promover um desenvolvimento contínuo e orientado dos potenciais humanos. Ele oferece um roteiro para maximizar o potencial humano, impulsionando a excelência pessoal e profissional.

Ao compreender e aplicar o QU, podemos alcançar resultados excepcionais, criando uma realidade baseada no equilíbrio dos potenciais humanos. Essa abordagem proporciona uma base sólida para o sucesso e o bem-estar, permitindo-nos aproveitar todo o nosso potencial e enfrentar os desafios com confiança e eficácia. O QU é uma abordagem revolucionária que redefine a forma como entendemos e valorizamos os potenciais humanos. Ao incorporar o QU em nossa vida e trabalho, podemos desbloquear um novo nível de desempenho, satisfação e realização.

A aplicabilidade do QU (Quociente de Inteligência Universal Sincrônico) abrange diversas áreas da vida, incluindo o trabalho, os relacionamentos e o desenvolvimento pessoal. Através do entendimento e aplicação do QU, podemos alcançar um equilíbrio efetivo dos potenciais humanos, impulsionando resultados positivos e um maior bem-estar.

No contexto do trabalho, o QU pode ser aplicado para melhorar a produtividade, a criatividade e a adaptabilidade dos indivíduos e equipes. Ao avaliar e desenvolver os potenciais relacionados à visão 360, resiliência, adaptabilidade, sincronicidade e controle emocional, podemos aprimorar as habilidades necessárias para enfrentar os desafios do ambiente de trabalho de forma mais eficaz.

Além disso, o QU é relevante nos relacionamentos interpessoais, permitindo uma comunicação mais eficaz, empatia e colaboração. O equilíbrio dos potenciais humanos promovido pelo QU contribui para construir relacionamentos saudáveis, respeitosos e produtivos, tanto no ambiente de trabalho quanto na vida pessoal.

No âmbito do desenvolvimento pessoal, o QU oferece uma

estrutura para autoavaliação e crescimento contínuo. Ao compreender nossos potenciais e identificar áreas que precisam de desenvolvimento, podemos traçar estratégias para melhorar e maximizar nosso desempenho em todas as dimensões do QU. Isso nos permite alcançar um maior nível de satisfação e realização pessoal, impulsionando nosso crescimento e desenvolvimento.

A aplicação do QU envolve o uso de ferramentas, como questionários e quizzes, que nos ajudam a mensurar e avaliar objetivamente os potenciais humanos. Essas ferramentas fornecem insights valiosos sobre nosso equilíbrio atual e direcionam o desenvolvimento necessário para alcançar um equilíbrio mais efetivo.

É importante ressaltar que a aplicabilidade do QU requer uma abordagem contínua e personalizada. À medida que nos desenvolvemos e enfrentamos novos desafios, é necessário fazer ajustes e manter o equilíbrio dos potenciais ao longo do tempo. Dessa forma, podemos alcançar resultados duradouros e desfrutar de uma vida mais satisfatória e realizada, tanto pessoal quanto profissionalmente.

O QU é uma abordagem revolucionária que redefine a forma como entendemos e valorizamos os potenciais humanos. Ao incorporar o QU em nossa vida e trabalho, podemos desbloquear um novo nível de desempenho, satisfação e realização. Essa abordagem proporciona uma base sólida para o sucesso e o bem-estar, permitindo-nos aproveitar todo o nosso potencial e enfrentar os desafios com confiança e eficácia.

O QU vai além de uma simples avaliação, pois busca promover um desenvolvimento contínuo e orientado dos potenciais humanos.

Ele oferece um roteiro para maximizar o potencial humano, impulsionando a excelência pessoal e profissional. Ao compreender e aplicar o QU, podemos alcançar resultados excepcionais, criando uma realidade baseada no equilíbrio dos potenciais humanos. Essa abordagem revolucionária está pronta para nos guiar em direção a uma vida mais satisfatória, realizada e significativa.

EXPLORAÇÃO DOS BENEFÍCIOS DE TER UM ALTO QU E COMO ISSO PODE INFLUENCIAR A TRAJETÓRIA DE VIDA

Ter um alto QU (Quociente de Inteligência Universal Sincrônico) traz consigo uma série de benefícios que podem impactar significativamente a trajetória de vida de uma pessoa. Um alto QU indica um equilíbrio bem desenvolvido nas dimensões do QU, refletindo um potencial humano otimizado em todas as áreas avaliadas.

Uma das principais vantagens de possuir um alto QU é a capacidade de enxergar oportunidades onde outros podem não perceber. A visão 360, uma das dimensões do QU, permite que indivíduos com um alto QU tenham uma perspectiva ampla e abrangente, compreendendo as interconexões entre diferentes áreas e identificando oportunidades além do óbvio. Isso pode levar a decisões informadas e escolhas estratégicas que impulsionam o sucesso pessoal e profissional.

Além disso, a resiliência e a adaptabilidade, duas dimensões essenciais do QU, desempenham um papel crucial na superação de desafios e na capacidade de se recuperar rapidamente de situações adversas. Indivíduos com um alto QU estão preparados para enfrentar obstáculos com confiança e determinação, aprendendo com as dificuldades e encontrando maneiras de se fortalecer diante das adversidades. Essa capacidade de lidar com mudanças e se adaptar a diferentes circunstâncias permite que eles se destaquem em suas carreiras e estabeleçam relacionamentos saudáveis e produtivos.

O controle emocional, outra dimensão do QU, é um fator fundamental para o sucesso pessoal e profissional. Indivíduos com um alto QU são capazes de gerenciar suas emoções de forma eficaz, mantendo a calma e tomando decisões racionais mesmo em situações de pressão e estresse.

Isso os torna mais resilientes diante dos desafios, permitindo que mantenham o equilíbrio emocional e alcancem resultados superiores.

A sincronicidade, última dimensão do QU, desempenha um papel importante na eficiência e produtividade. Indivíduos com um alto QU são capazes de sincronizar suas tarefas, projetos e objetivos de forma a obter um fluxo de trabalho otimizado. Isso lhes permite utilizar seu tempo e recursos de maneira eficaz, alcançando um maior nível de eficiência e resultados consistentes.

Em conjunto, essas dimensões do QU criam uma base sólida para o sucesso e o bem-estar. Um alto QU influencia positivamente a trajetória de vida de uma pessoa, permitindo que ela alcance resultados excepcionais e aproveite todo o seu potencial. Com um equilíbrio desenvolvido em todas as áreas do QU, indivíduos são capazes de enfrentar desafios com confiança e eficácia, tomar decisões informadas e construir relacionamentos saudáveis e produtivos.

Ao longo deste livro, exploraremos de forma aprofundada os benefícios de ter um alto QU em todas as áreas da vida humana. Analisaremos casos inspiradores, estudos científicos e teorias relevantes para fornecer uma visão abrangente sobre como o equilíbrio dos potenciais humanos influencia positivamente a trajetória de vida.

Ao compreender esses benefícios e aplicar os princípios do QU, você estará preparado para alcançar um nível excepcional de desempenho, satisfação e realização em sua jornada pessoal e profissional.

Neste capítulo, exploraremos a importância de ajustar os pilares do QU (Quociente de Inteligência Universal Sincrônico) ao enfrentar desafios em diversas áreas da vida. Aqueles que possuem a habilidade de autorregulação, equilibrando os potenciais de:

visão 360, resiliência, adaptabilidade, sincronicidade e controle emocional;

São capazes de enfrentar os desafios de forma mais eficiente e construtiva.

No entanto, quando não existe um equilíbrio perfeito desses potenciais, a pessoa pode enfrentar os desafios de maneira insuficiente, gerando o acúmulo de problemas e dificuldades.

Ajustar os pilares do QU, como visão 360, resiliência, adaptabilidade, sincronicidade e controle emocional, é fundamental para enfrentar os desafios de forma eficiente e construtiva. Aqueles que possuem um equilíbrio nesses pilares têm a capacidade de enxergar além do óbvio, superar obstáculos, se adaptar a diferentes circunstâncias, coordenar ações para resultados efetivos e gerenciar suas emoções de forma equilibrada. No entanto, é importante lembrar que nem todos têm esse equilíbrio perfeito e, nesses casos, oferecer apoio e compreensão é crucial para auxiliar em seu desenvolvimento. No próximo capítulo, exploraremos técnicas e práticas para aprimorar esses pilares, permitindo que enfrentem os desafios com uma perspectiva mais ampla e equilibrada.

Nessa perspectiva, é importante compreender que indivíduos que não enxergam suas próprias falhas na interpretação desse equilíbrio precisam de apoio e geralmente sofrem mais por não serem compreendidos ao interpretar as seguintes perspectivas:

Na Diversidade: Indivíduo com autoajuste do equilíbrio do QU: Ele reconhece e valoriza a riqueza das diferenças entre as pessoas e grupos. Ele aprecia as perspectivas únicas que cada indivíduo traz e reconhece a importância de incluir e dar voz a todos. Esse indivíduo busca ativamente aprender com diferentes pontos de vista, se conectar com uma variedade de experiências e colaborar de forma efetiva em ambientes diversos. Ele está aberto a aprender com os outros, respeita a diversidade e trabalha para combater a discriminação e promover a justiça social.

Indivíduo sem essa percepção: Por outro lado, o indivíduo que não possui esse autoajuste do equilíbrio do QU pode apresentar dificuldades em reconhecer e valorizar a diversidade. Ele pode ter uma visão limitada, tendendo a desvalorizar perspectivas diferentes das suas próprias. Esse indivíduo pode manifestar comportamentos discriminatórios, segregação social e contribuir para a perpetuação de desigualdades. Ele pode não compreender a importância de inclusão e igualdade de oportunidades para todos.

Um exemplo do indivíduo com autoajuste da percepção de diversidade é alguém que participa ativamente de iniciativas de inclusão, defende os direitos de minorias, busca compreender e aprender com diferentes culturas e origens, e trabalha para promover a igualdade de oportunidades em sua comunidade.

Por outro lado, um exemplo do indivíduo sem essa percepção é alguém que expressa preconceitos e estereótipos, que se fecha para ideias diferentes e se mantém distante de grupos diversos. Esse indivíduo pode não reconhecer a importância de combater a discriminação e de trabalhar pela inclusão, e pode contribuir para a criação de ambientes hostis e desigualdades sociais.

Essas comparações entre indivíduos com e sem o autoajuste do equilíbrio do QU em relação à diversidade destacam como o ajuste do QU pode influenciar a percepção e a atitude em relação à diversidade, sendo um aspecto importante a ser desenvolvido para promover sociedades mais justas e inclusivas.

Na Universalidade: Indivíduo com autoajuste do equilíbrio do QU: Esse indivíduo reconhece a importância da universalidade e transcende as fronteiras estabelecidas. Ele compreende que as experiências humanas são intrinsecamente conectadas e tem a capacidade de enxergar além das divisões e diferenças artificiais que nos separam. Ele valoriza a diversidade cultural, étnica, religiosa e social, e busca abraçar a interconexão entre todos os seres e elementos do universo. Esse indivíduo está aberto a diferentes perspectivas e busca construir pontes entre as pessoas, promovendo a colaboração e o entendimento mútuo.

Indivíduo sem essa percepção: Por outro lado, o indivíduo que não possui esse autoajuste do equilíbrio do QU pode apresentar dificuldades em reconhecer a importância da universalidade. Ele pode ter uma visão limitada e se prender a visões estereotipadas ou preconceituosas sobre diferentes culturas, povos e tradições. Esse indivíduo tende a se fechar em suas próprias perspectivas e pode contribuir para a criação de barreiras e divisões entre as pessoas. Ele pode ter dificuldade em entender e apreciar a interconexão entre todos os seres e elementos do universo, perdendo a oportunidade de expandir sua visão de mundo e nutrir relacionamentos mais enriquecedores e harmoniosos.

Essa comparação entre indivíduos com e sem o autoajuste do equilíbrio do QU em relação à universalidade destaca como o ajuste do QU pode influenciar a capacidade de uma pessoa em valorizar e abraçar a diversidade de perspectivas e experiências, transcender barreiras e estabelecer conexões significativas com o universo e com os outros seres humanos.

Na Ciência: Indivíduo com autoajuste do equilíbrio do QU: Esse indivíduo valoriza a ciência como uma ferramenta essencial para a compreensão do mundo. Ele reconhece a importância de se envolver ativamente na exploração científica, abraçando a curiosidade e o desejo de descobrir novas verdades. Esse indivíduo questiona paradigmas estabelecidos, desafia crenças limitantes e busca expandir seu conhecimento para além das limitações convencionais. Ele está aberto a abordagens inovadoras, experimentação e busca constantemente atualizar seu entendimento com base em evidências científicas.

Indivíduo sem essa percepção: Por outro lado, o indivíduo que não possui esse autoajuste do equilíbrio do QU pode apresentar dificuldades em reconhecer a importância da ciência. Ele pode ter uma visão limitada e resistente a novas ideias ou avanços científicos. Esse indivíduo pode se apegar a crenças desatualizadas, rejeitar a evidência científica e permanecer preso a paradigmas ultrapassados. Sua falta de abertura para o conhecimento científico pode limitar seu entendimento do mundo e restringir suas oportunidades de crescimento e desenvolvimento.

Essa comparação entre indivíduos com e sem o autoajuste do equilíbrio do QU em relação à ciência destaca como o ajuste do QU pode influenciar a capacidade de uma pessoa em valorizar a ciência como uma fonte de conhecimento confiável, estar aberto a novas descobertas e questionar paradigmas estabelecidos. Isso permite que o indivíduo desenvolva uma compreensão mais abrangente e precisa do mundo ao seu redor, aproveitando os benefícios da exploração científica.

No Trabalho: Indivíduo com autoajuste do equilíbrio do QU: Esse indivíduo reconhece a importância do trabalho como uma expressão de seu potencial e talentos. Ele busca constantemente o aprimoramento pessoal e profissional, ajustando o pilar do trabalho para maximizar sua produtividade e contribuição para a sociedade. Ele encontra significado e propósito em suas atividades, alinhando suas paixões e habilidades com a busca de um bem maior. Esse indivíduo é comprometido, motivado e proativo em suas responsabilidades profissionais, buscando um equilíbrio entre desafios e satisfação pessoal.

Indivíduo sem essa percepção: Por outro lado, o indivíduo que não possui esse autoajuste do equilíbrio do QU pode apresentar dificuldades em reconhecer o valor e o propósito do trabalho. Ele pode encarar suas atividades profissionais apenas como uma obrigação, sem buscar desenvolvimento pessoal ou contribuir de forma significativa. Esse indivíduo pode sentir-se desmotivado, insatisfeito e descomprometido com suas responsabilidades profissionais, o que pode afetar negativamente seu desempenho e sua realização no ambiente de trabalho.

Na Política: Indivíduo com autoajuste do equilíbrio do QU: Esse indivíduo reconhece o poder da política como uma ferramenta para promover mudanças positivas na sociedade. Ele engaja-se em questões políticas e busca maneiras de influenciar sistemas e estruturas que impactam a vida das pessoas. Esse indivíduo desenvolve uma consciência crítica, toma decisões informadas e contribui para a construção de um mundo mais justo e igualitário. Ele é comprometido com a participação cívica, buscando compreender diferentes perspectivas e trabalhar para alcançar o bem comum.

Indivíduo sem essa percepção: Por outro lado, o indivíduo que não possui esse autoajuste do equilíbrio do QU pode apresentar dificuldades em reconhecer o poder e a importância da política. Ele pode ser desinteressado ou desinformado sobre questões políticas, tendendo a não participar ativamente do processo político. Esse indivíduo pode ter uma visão limitada ou polarizada, não contribuindo para a construção de uma sociedade mais justa e igualitária. Sua falta de engajamento político pode limitar sua influência e impacto na comunidade.

Na Humanidade: Indivíduo com autoajuste do equilíbrio do QU: Esse indivíduo compreende a importância da humanidade e cultiva a empatia e a compaixão em suas interações com os outros. Ele valoriza as relações pessoais e busca promover o bem-estar coletivo. Esse indivíduo nutre relacionamentos saudáveis, constrói pontes entre diferentes perspectivas e trabalha em conjunto para enfrentar desafios globais. Ele reconhece a interconexão entre todos os seres humanos e se esforça para criar um mundo mais harmonioso e solidário.

Indivíduo sem essa percepção: Por outro lado, o indivíduo que não possui esse autoajuste do equilíbrio do QU pode apresentar dificuldades em compreender a importância da humanidade. Ele pode ter dificuldades em se colocar no lugar do outro, apresentando falta de empatia e compaixão. Esse indivíduo pode ter dificuldades em construir relacionamentos saudáveis e pode contribuir para a desigualdade, o conflito e o sofrimento humano. Sua falta de consideração pelo bem-estar coletivo pode limitar sua capacidade de criar um impacto positivo na sociedade.

Na Fé: Indivíduo com autoajuste do equilíbrio do QU: Esse indivíduo compreende que a fé vai além de dogmas religiosos. Ele valoriza a conexão com sua sabedoria interior, suas convicções pessoais e suas crenças. Ao ajustar o pilar da fé, ele cultiva uma conexão profunda consigo mesmo e com algo maior, encontrando força e orientação para enfrentar desafios e tomar decisões alinhadas com seus valores mais profundos. Esse indivíduo respeita as diferentes formas de fé e busca a harmonia entre sua espiritualidade e sua jornada pessoal.

Indivíduo sem essa percepção: Por outro lado, o indivíduo que não possui esse autoajuste do equilíbrio do QU pode apresentar dificuldades em compreender a importância da fé como uma fonte de orientação e significado. Ele pode ter uma visão limitada ou estereotipada da fé, rejeitando as convicções e experiências espirituais de outras pessoas. Esse indivíduo pode sentir-se desconectado de um propósito maior e pode ter dificuldade em encontrar forças internas para enfrentar desafios. Sua falta de respeito pela diversidade de crenças pode limitar sua compreensão do mundo e sua capacidade de se conectar com os outros em um nível mais profundo.

Essas comparações entre indivíduos com e sem o autoajuste do equilíbrio do QU em relação a diferentes aspectos da vida destacam como o ajuste do QU pode influenciar a forma como vemos e enfrentamos desafios. Ao buscar um equilíbrio saudável em cada um desses pilares, somos capazes de expandir nossa compreensão, desenvolver relacionamentos mais enriquecedores e contribuir para um mundo mais equilibrado e harmonioso.

Essas comparações entre indivíduos com e sem o autoajuste do equilíbrio do QU em relação aos temas do Trabalho, Política, Humanidade, Fé, Ética, Tecnologia e Sustentabilidade destacam como o ajuste do QU pode influenciar a percepção, atitudes e ações de uma pessoa em relação a essas áreas. Aqueles com o autoajuste do equilíbrio do QU demonstram uma maior consciência, engajamento e harmonia nessas esferas, enquanto aqueles sem essa percepção podem apresentar limitações e dificuldades em compreender a importância e agir de forma construtiva em relação a esses temas.

Capítulo 3: Além das Limitações Temporais

No mundo VUCA (Volatilidade, Incerteza, Complexidade e Ambiguidade) em que vivemos, o tempo desempenha um papel fundamental em nossas vidas. Estamos constantemente imersos em uma realidade que se move em uma linha temporal, com o passado se desvanecendo e o futuro nos chamando incessantemente. No entanto, existe uma dimensão além desse fluxo linear, uma esfera de conhecimento e percepção que vai além das limitações temporais. Neste capítulo, vamos explorar a importância de ir além do tempo e como isso se relaciona com o ajuste do QU (Quociente de Inteligência

Universal Sincrônico). Discutiremos técnicas e práticas que nos permitem expandir nossa consciência, acessar informações e perspectivas além do presente.

A transcendência do tempo:

Refletindo sobre a natureza do tempo e sua influência em nossas vidas:

O tempo é uma parte intrínseca de nossas vidas, presente em todas as nossas experiências e atividades. Ele nos fornece uma estrutura para organizar nossas tarefas, cronometrar eventos e marcar o progresso. Geralmente, pensamos no tempo como uma linha reta, com um passado que se desvanece e um futuro que ainda não chegou.

Essa perspectiva linear nos leva a nos concentrar no presente imediato, muitas vezes negligenciando as implicações mais amplas do tempo em nossa existência.

Ao refletirmos sobre a natureza do tempo, podemos começar a questionar se ele é apenas uma medida quantitativa ou se há aspectos mais profundos a serem considerados. Será que o tempo possui uma dimensão subjetiva? Será que ele influencia nossas emoções, nossas memórias e nossas expectativas? Essas reflexões nos convidam a explorar a relação entre o tempo e nossa percepção da realidade.

Reconhecendo as limitações do tempo linear e a busca por uma compreensão mais ampla:

Enquanto o tempo linear é uma forma conveniente de conceber a passagem do tempo, ele também pode restringir nossa visão do mundo. Focados no presente imediato, muitas vezes deixamos de considerar a influência do passado e a possibilidade do futuro. Essa perspectiva estreita do tempo pode nos limitar em nossa compreensão do mundo e impedir que acessemos informações e perspectivas além do presente.

No entanto, há uma busca crescente por uma compreensão mais ampla do tempo, que vá além de sua linearidade. Essa busca nos convida a considerar outras dimensões do tempo, como a simultaneidade, a interconexão e a sincronicidade. Ao abraçarmos uma visão mais holística do tempo, começamos a reconhecer que eventos passados continuam a ter influência sobre o presente e que o futuro é permeado por possibilidades que podemos explorar.

Para transcender as limitações temporais, podemos recorrer a estudos de caso e exemplos que ilustram a capacidade humana de ir além do tempo. Um estudo de caso notável é o do físico Albert Einstein, cuja teoria da relatividade revelou que o tempo não é uma entidade estática, mas sim uma dimensão flexível e relativa. Sua compreensão revolucionária do tempo permitiu-nos vislumbrar a possibilidade de curvatura temporal e a existência de eventos passados, presentes e futuros simultâneos.

Outro exemplo é o da meditação e práticas contemplativas, que nos permitem transcender a percepção linear do tempo e experimentar estados de consciência atemporais. Por meio da meditação, podemos acessar informações e perspectivas além do presente, expandindo nossa compreensão do tempo e de nós mesmos.

Além disso, a prática da visualização criativa nos possibilita conectar-nos com futuros potenciais, permitindo-nos explorar diferentes possibilidades e moldar conscientemente o curso de nossas vidas.

Ao desenvolver o QU, com seu foco no equilíbrio dos potenciais, visão 360, resiliência, adaptabilidade, sincronicidade e controle emocional, estamos fortalecendo nossa capacidade de romper as barreiras temporais. Um indivíduo com um QU auto equilibrado pode estabelecer uma conexão com o futuro por meio da cognitividade e da sincronicidade. A visão 360 nos permite observar tudo ao nosso redor, enquanto a adaptabilidade nos prepara para mudanças significativas que estão por vir. A resiliência nos ajuda a entender onde erramos e onde devemos corrigir, e o controle emocional nos capacita a auxiliar os outros nessa jornada pelo desconhecido.

As pessoas que possuem um QU auto equilibrado geralmente se destacam perante as outras. Elas encontram soluções inovadoras, lideram o caminho do bem e são capazes de enxergar o futuro sem medo do desconhecido. É fundamental compreender esse conceito do QU para identificar aqueles que possuem uma conexão profunda com o futuro e podem liderar uma transformação positiva em suas vidas e na sociedade como um todo.

Concluindo, ao transcendermos as limitações temporais, expandimos nossa percepção e compreensão do mundo. Ao acessarmos informações e perspectivas além do presente, abrimos portas para novos insights, criatividade e possibilidades. Ao desenvolvermos o ajuste do QU, fortalecemos nossa capacidade de romper as barreiras temporais e estabelecer uma conexão com o futuro. A busca pela transcendência do tempo é uma jornada contínua de exploração pessoal, permitindo-nos abraçar uma visão mais completa e sincrônica da existência.

CAPÍTULO 4: DESENVOLVENDO A HABILIDADE DE AJUSTAR O QU

Neste capítulo, mergulharemos nas orientações práticas para desenvolver e aprimorar a habilidade de ajustar o QU (Quociente de Inteligência Universal Sincrônico). Exploraremos uma variedade de exercícios, meditações e práticas diárias que podem ajudar a cultivar uma conexão profunda consigo mesmo e com o universo. À medida que nos aprofundamos nessa jornada de desenvolvimento pessoal, expandimos nossa consciência e nos tornamos mais sintonizados com as energias ao nosso redor.

A importância do desenvolvimento do QU: Antes de explorarmos as orientações práticas, é fundamental compreender a importância de desenvolver a habilidade de ajustar o QU. O QU é uma medida de nossa inteligência sincrônica, que engloba nossa capacidade de perceber e compreender as sincronicidades e padrões do universo. Ao desenvolver essa habilidade, ampliamos nossa percepção, nossa intuição e nossa capacidade de tomar decisões alinhadas com o fluxo da vida.

Exercícios para cultivar uma conexão profunda consigo mesmo:

Autoconhecimento através da introspecção: Reserve momentos diários para se conectar consigo mesmo e explorar seus pensamentos, emoções e intuições.

A meditação e a escrita reflexiva são práticas eficazes para aprofundar essa conexão.

Observação consciente: Ao longo do dia, esteja consciente de suas ações, pensamentos e reações. Observe suas interações com o ambiente e as pessoas ao seu redor. Essa prática ajuda a desenvolver a consciência plena e a cultivar uma conexão mais profunda com o momento presente.

Diário de gratidão: Reserve alguns minutos todos os dias para escrever sobre as coisas pelas quais você é grato. Essa prática simples ajuda a cultivar uma mentalidade de apreciação e aumenta sua conexão com as energias positivas ao seu redor.

Meditações para sintonizar com o universo:

Meditação de conexão com a natureza: Encontre um local tranquilo ao ar livre e permita-se mergulhar na natureza. Feche os olhos e concentre-se na sensação do ar, nos sons dos pássaros e nas texturas ao seu redor. Visualize-se se fundindo com a natureza e permita-se sentir a conexão profunda com o universo.

Meditação da respiração sincronizada:

Sente-se confortavelmente e foque sua atenção na sua respiração. À medida que você inspira, imagine que está absorvendo a energia positiva do universo. Ao expirar, libere qualquer tensão ou preocupação. Sinta-se conectado com o fluxo do universo através da sua respiração.

Práticas diárias para manter a conexão com o universo:

Prática da compaixão: Cultive a compaixão em suas interações diárias, tanto com você mesmo quanto com os outros. Pratique o amor incondicional, a empatia e a gentileza, reconhecendo a interconexão de todas as formas de vida.

Atenção plena nos relacionamentos: Esteja presente e atento durante suas interações com as pessoas ao seu redor. Ouça com empatia, demonstre interesse genuíno e cultive relacionamentos baseados na conexão e na compreensão mútua.

Aprendizado contínuo: Busque conhecimento e expanda seus horizontes. Leia livros inspiradores, participe de cursos e workshops, explore novas áreas de interesse. O aprendizado constante nos mantém abertos a novas perspectivas e nos ajuda a desenvolver uma compreensão mais profunda do universo.

Conclusão: Ao dedicarmos tempo e esforço para desenvolver a habilidade de ajustar o QU, abrimos as portas para uma conexão mais profunda consigo mesmo e com o universo. Os exercícios, meditações e práticas diárias apresentados neste capítulo são ferramentas valiosas para cultivar essa conexão e expandir nossa consciência. Lembre-se de que a jornada de desenvolvimento do QU é contínua e requer comprometimento e prática regular. Ao nos sintonizarmos com as energias ao nosso redor, encontramos um estado de harmonia e alinhamento com o fluxo da vida.

Aqui estão algumas orientações e dicas úteis para fortalecer os princípios do QU antes de embarcar nessa jornada transformadora:

Estabeleça uma mentalidade de crescimento: Acredite que suas habilidades e capacidades podem ser desenvolvidas ao longo do tempo. Cultive uma mentalidade de crescimento, na qual você vê os desafios como oportunidades de aprendizado e crescimento pessoal. Isso ajudará a manter uma abordagem positiva e motivada ao enfrentar os desafios propostos.

Faça uma avaliação de suas habilidades atuais: Antes de começar os desafios, reserve um tempo para avaliar suas habilidades e conhecimentos relacionados aos princípios do QU. Identifique áreas nas quais você se sente mais forte e áreas que precisam de mais desenvolvimento. Isso permitirá que você se concentre em fortalecer os pontos fracos e ampliar seus pontos fortes.

Defina metas específicas:

Estabeleça metas claras e específicas para cada um dos princípios do QU.

Por exemplo, se você está trabalhando na resiliência, defina uma meta que envolva enfrentar um desafio significativo e superar as adversidades com determinação e positividade. Metas específicas ajudam a direcionar seus esforços e fornecem uma medida clara de progresso.

Crie um plano de ação: Desenvolva um plano de ação detalhado para fortalecer cada um dos princípios do QU. Identifique atividades, exercícios ou práticas específicas que possam ajudá-lo a desenvolver essas habilidades. Por exemplo, se você está trabalhando na adaptabilidade, pode se desafiar a experimentar diferentes abordagens em suas tarefas diárias ou participar de atividades que o levem a sair da sua zona de conforto.

Busque recursos e ferramentas: Procure recursos, livros, cursos online ou outras ferramentas que possam fornecer conhecimento adicional e orientação sobre os princípios do QU. Aprender com especialistas e explorar diferentes perspectivas enriquecerá sua compreensão e oferecerá insights valiosos para sua jornada de fortalecimento.

Pratique a autorreflexão e o autoaperfeiçoamento: Reserve um tempo regularmente para refletir sobre seu progresso e aprendizado.

Avalie seu desempenho nos desafios anteriores, identifique áreas de melhoria e defina estratégias para desenvolver suas habilidades. A autorreflexão e o autoaperfeiçoamento contínuos são fundamentais para o crescimento pessoal e o fortalecimento dos princípios do QU.

Construa uma rede de apoio: Encontre pessoas que compartilham interesses semelhantes e buscam desenvolver os princípios do QU. Conecte-se com essas pessoas, participe de grupos de discussão, fóruns online ou encontros presenciais. Ter uma rede de apoio proporcionará oportunidades de compartilhamento de experiências, aprendizado conjunto e apoio mútuo ao longo de sua jornada.

Lembre-se de que se preparar adequadamente para os desafios é tão importante quanto enfrentá-los. Ao seguir essas orientações e dicas, você fortalecerá seus princípios do QU e se preparando para uma experiência enriquecedora e transformadora. Esteja aberto para aprender, crescer e se superar. Estamos aqui para apoiá-lo em sua jornada de autodescoberta e desenvolvimento dos potenciais.

Capítulo 5: Aplicando o Ajuste do QU Na Vida Diária

Neste capítulo, exploraremos exemplos e estudos de caso que ilustram como o ajuste do QU (Quociente de Inteligência Universal Sincrônico) pode ser aplicado em diferentes áreas da vida. Vamos descobrir como utilizar essa habilidade de forma prática e eficaz no dia a dia, melhorando nossos relacionamentos, carreira, saúde e bem-estar.

Aplicando o ajuste do QU nos relacionamentos:

Comunicação consciente: Utilize a habilidade de ajustar o QU para melhorar a comunicação com seus entes queridos. Esteja atento às necessidades e emoções dos outros, ouvindo com empatia e respondendo de forma adequada. A conexão sincrônica com o outro fortalece os laços e promove relacionamentos saudáveis.

Resolução de conflitos: Aplique os princípios do QU, como a resiliência e o controle emocional, na resolução de conflitos. Ao se ajustar ao fluxo da situação e manter a calma, você pode encontrar soluções construtivas e promover um ambiente harmonioso.

Aplicando o ajuste do QU na carreira:

Liderança inspiradora: Desenvolva sua habilidade de ajustar o QU para liderar equipes de forma inspiradora. Ao ter uma visão 360 e adaptabilidade, você pode guiar sua equipe com eficácia, aproveitando as oportunidades e enfrentando os desafios com confiança.

Tomada de decisões estratégicas: Utilize a habilidade de ajustar o QU para tomar decisões estratégicas em sua carreira. Considere diferentes perspectivas, sincronize-se com as tendências do mercado e avalie os riscos e benefícios antes de tomar uma decisão informada e alinhada com seus objetivos.

Aplicando o ajuste do QU na saúde e bem-estar:

Autocuidado sincrônico: Ajuste o QU para priorizar o autocuidado em sua rotina diária. Dedique tempo para nutrir seu corpo, mente e espírito, através de práticas como exercícios físicos, meditação, alimentação saudável e momentos de lazer. Essa sincronia com o seu bem-estar promove uma vida equilibrada e harmoniosa.

Gerenciamento do estresse: Utilize a habilidade de ajustar o QU para gerenciar o estresse de forma eficaz. Pratique técnicas de relaxamento, como respiração consciente e mindfulness, e aprenda a reconhecer e lidar com os gatilhos de estresse. Isso permite que você mantenha um estado de equilíbrio e bem-estar mesmo diante de situações desafiadoras.

Dicas e estratégias para utilizar o ajuste do QU no dia a dia:

Prática da atenção plena: Cultive a atenção plena em suas atividades diárias. Esteja presente no momento presente, observando e apreciando os detalhes ao seu redor. Essa prática ajuda a se conectar com o fluxo do universo e a perceber as sincronicidades em sua vida.

Visualização criativa: Utilize a técnica da visualização criativa para manifestar seus desejos e objetivos. Imagine-se alcançando suas metas com clareza e emoção, permitindo que sua mente e energia se sincronizem com as possibilidades do futuro.

Conclusão: Ao aplicarmos o ajuste do QU em diferentes áreas da vida, ampliamos nosso potencial de crescimento, realização e felicidade. Os exemplos e estudos de caso apresentados neste capítulo ilustram como essa habilidade pode ser integrada de forma prática e eficaz no dia a dia. Ao desenvolvermos essa sincronicidade com o universo, nos tornamos mais conscientes das oportunidades ao nosso redor e encontramos um maior alinhamento com nossos objetivos e propósito de vida. Lembre-se de praticar regularmente o ajuste do QU e permita que sua vida se desdobre de forma sincrônica e gratificante.

Capítulo 6: Visão Além Do Tempo: Revelações E Percepções

Neste capítulo, mergulharemos em percepções avançadas daqueles com o QU equilibrado, que lhes permitem enxergar além da realidade convencional. Discutiremos diversos temas que desafiam nossa compreensão do tempo, revelando insights reveladores e perspectivas além do comum. Ao explorar tópicos como mudanças climáticas, avistamentos de Óvnis, superaquecimento global, inteligências artificiais, tendências políticas e sociais, conquista do espaço e avanços científicos, buscamos ampliar nossa visão da realidade.

Com isso, convido você a refletir sobre alguns assuntos utilizando uma técnica avançada de desenvolvimento do equilíbrio dos potenciais, conhecida como QU. Essa técnica pode ser praticada momentos antes de dormir e ao acordar, permitindo que você experimente uma percepção diferente da realidade.

Para iniciar a prática, procure um ambiente tranquilo e aconchegante, onde possa se sentir confortável. Encontre a posição mais agradável para realizar uma meditação e, se desejar, utilize uma música suave de sua preferência para criar um ambiente propício.

Comece limpando sua mente e respire profundamente, permitindo que todos os pensamentos e preocupações se dissolvam. Concentre-se no momento presente, no aqui e agora.

Agora, visualize todos os temas que discutiremos neste capítulo. Imagine cada um deles como uma imagem clara e vívida em sua mente. Sinta-se imerso nessas imagens e permita que elas despertem sua curiosidade e compreensão.

Visualize uma imagem com as Mudanças climáticas e seu impacto no planeta. Pense nelas em todos os aspectos da realidade cientificamente comprovada, explorando as evidências e compreendendo suas consequências na saúde do planeta. Visualize os estudos e pesquisas que demonstram o aumento das temperaturas globais, o derretimento das geleiras, o aumento do nível do mar, as mudanças nos padrões climáticos e os eventos climáticos extremos. Sinta a importância da conscientização e das ações individuais e coletivas para mitigar esses impactos, visualizando práticas sustentáveis, como a redução das emissões de gases de efeito estufa, o uso de energias renováveis, a conservação dos recursos naturais e a proteção dos ecossistemas.

Visualize uma imagem com a Desaceleração do núcleo da Terra e suas consequências. Pense nos estudos científicos recentes que revelam uma desaceleração no movimento do núcleo da Terra e suas implicações significativas. Visualize as possíveis consequências dessa desaceleração, como mudanças no campo magnético terrestre e na atividade vulcânica. Sinta a importância do campo magnético para a proteção do planeta contra as radiações solares e cósmicas, e como qualquer alteração nesse campo pode afetar a vida na Terra. Além disso, visualize como a atividade vulcânica desempenha um papel importante na liberação de gases e no equilíbrio climático. Ao explorar essas visões, permita-se compreender melhor os processos internos do nosso planeta e seu impacto na superfície e na vida que a habita.

Visualize uma imagem sobre os Avistamentos de Óvnis e a admissão do Pentágono. Imagine os avistamentos documentados de objetos voadores não identificados (Óvnis) e a recente admissão do Pentágono sobre a existência desses fenômenos. Permita-se analisar as possíveis origens e significados desses avistamentos, considerando diferentes teorias e perspectivas. Visualize explicações naturais, como fenômenos atmosféricos ou astronômicos, bem como possíveis origens tecnológicas ou mesmo extraterrestres. Examine as evidências e as implicações desses avistamentos, ampliando sua compreensão do universo e considerando possibilidades além da nossa realidade convencional.

Visualize uma imagem sobre o Superaquecimento global e seus efeitos. Veja os impactos do superaquecimento global no meio ambiente, como o derretimento acelerado das geleiras, o aumento do nível do mar e as mudanças nos padrões climáticos. Visualize como essas mudanças afetam diretamente sua vida e a biodiversidade, impactando ecossistemas, recursos naturais, segurança alimentar e padrões de vida. Contemple as consequências sociais e econômicas do superaquecimento global, como eventos climáticos extremos, migração forçada, escassez de recursos e impactos na saúde pública. Sinta a importância de estar consciente dos efeitos do superaquecimento global e busque soluções para mitigar esses impactos, visualizando a adoção de práticas sustentáveis, como a redução das emissões de gases de efeito estufa, a transição para energias limpas e a promoção de políticas de conservação ambiental.

Visualize uma imagem sobre o uso das Inteligências artificiais e suas capacidades além do tempo. Explore como os avanços recentes em inteligência artificial desafiam sua compreensão do potencial dessa tecnologia. Visualize como a IA é capaz de processar grandes quantidades de informações e fazer previsões de eventos futuros com base em padrões e dados históricos. Sinta as implicações éticas e sociais desses avanços, considerando questões como privacidade, tomada de decisões autônomas e desigualdades na distribuição de poder e recursos. Essa visualização permitirá que você reflita sobre o papel da inteligência artificial na sociedade e o impacto que ela pode ter no seu futuro.

Visualize uma imagem sobre as Tendências políticas e sociais de desigualdade e disputas por poder. Recorde das notícias sobre as tendências políticas e sociais atuais que revelam desigualdades e lutas pelo poder em diferentes partes do mundo. Veja mentalmente as consequências dessas tendências, como a concentração de riqueza, a marginalização de grupos vulneráveis, a polarização social e os conflitos geopolíticos. Visualize possíveis caminhos para a criação de uma sociedade mais justa e equitativa, considerando abordagens políticas, sociais e econômicas que promovam a igualdade de oportunidades, o respeito aos direitos humanos e a construção de uma cultura de paz. Essa visualização permitirá que você reflita sobre os desafios e as possíveis soluções para construir um mundo mais justo e inclusivo.

Visualize uma imagem sobre a Conquista do espaço e seu impacto no futuro da humanidade. Imagine a busca contínua pela conquista do espaço e suas implicações para o seu futuro e o futuro da humanidade. Sinta os benefícios científicos, tecnológicos e de conhecimento que podem ser obtidos com a exploração espacial, como a compreensão de outros corpos celestes, a busca por vida extraterrestre e a exploração de recursos espaciais. Visualize também os desafios associados à conquista do espaço, como os impactos ambientais, a sustentabilidade e os dilemas éticos. Sinta a importância de considerar as repercussões da exploração espacial para a preservação da

Terra e o bem-estar da humanidade, buscando um equilíbrio entre a exploração do desconhecido e a proteção do nosso planeta.

Visualize uma imagem sobre os Avanços na ciência e física quântica. Visualize os avanços científicos recentes, em particular na física quântica, que desafiam teorias antigas e expandem a sua compreensão da realidade. Relembre tudo que você ouviu falar sobre os princípios fundamentais da física quântica, como a superposição e o emaranhamento, e as implicações desses princípios para a sua visão do tempo, da consciência e da natureza da existência. Essa visualização permitirá que você questione concepções tradicionais e expanda seus horizontes, desafiando a sua compreensão convencional do mundo. Ao adentrar nesses avanços, você poderá refletir sobre as implicações filosóficas e científicas dessas descobertas e como elas podem moldar a sua compreensão da realidade e do seu lugar no universo.

Agora, aproveite esse momento de visualização e reflexão para expandir sua compreensão e perspectiva sobre esses temas. Sinta-se aberto(a) para novas ideias e insights que possam surgir. Ao praticar a técnica do equilíbrio dos potenciais antes de dormir e ao acordar, você pode experimentar uma percepção diferente da realidade, trazendo consigo novas revelações e insights.

A metodologia avançada proposta para o equilíbrio do QU é fundamentada em análises e pesquisas científicas no campo do sono. Diversos estudiosos têm explorado a relação entre o sono e o processo de resolução de problemas, fornecendo embasamento para a compreensão dessa técnica.

Matthew Walker, neurocientista e autor renomado, em seu livro "Por que nós dormimos: A nova ciência do sono e do sonho", explora extensivamente a importância do sono para a saúde e a cognição. Walker revela que o sono desempenha um papel fundamental na consolidação da memória e na aquisição de novos conhecimentos.

Mark Beeman, psicólogo especializado em criatividade e solução de problemas, investigou o efeito do sono no processo criativo. Seus estudos sugerem que durante o sono, o cérebro é capaz de reorganizar informações e formar conexões associativas, permitindo a geração de insights e a solução de problemas complexos.

Outro importante pesquisador nesse campo é Robert Stickgold, neurocientista e professor de psiquiatria da Escola de Medicina de Harvard. Stickgold concentrou seus estudos na relação entre o sono e a memória, mostrando que o sono desempenha um papel crucial na consolidação das informações e no processamento de memórias.

Sara Mednick, psicóloga especializada em sono e memória, também contribuiu para a compreensão dessa relação. Suas pesquisas indicam que o sono adequado melhora a criatividade, a atenção e o processamento de informações, permitindo uma melhor resolução de problemas.

Deirdre Barrett, outra psicóloga e pesquisadora do sono, explorou a importância dos sonhos no processo de resolução de problemas. Seus estudos mostram que durante os sonhos, o cérebro é capaz de reorganizar e reavaliar informações, auxiliando na busca por soluções.

Jan Born, neurocientista e professor de psicologia, concentrou-se na relação entre o sono e a memória. Suas pesquisas indicam que o sono desempenha um papel essencial na consolidação da informação e na criatividade.

Esses especialistas e suas pesquisas fornecem embasamento científico para a metodologia avançada proposta para o equilíbrio do QU. Ao aplicar essa técnica antes de dormir e ao acordar, espera-se uma melhora na percepção de realidade e na capacidade de encontrar soluções para problemas. O teste avançado sugerido foi desenvolvido com base nessas premissas, buscando aproveitar os benefícios do sono para potencializar a cognição e a criatividade.

Capítulo 7: A Nova Realidade Emergente

Vamos adentrar a visão dos indivíduos com o QU equilibrado sobre a iminência de uma grande mudança que está se desenrolando diante de nossos olhos. Discutiremos a importância do auto equilíbrio dos potenciais de visão 360, resiliência, adaptabilidade, sincronicidade e controle emocional para compreender essa nova realidade que está emergindo.

O mundo contemporâneo está em constante transformação, impulsionado por uma série de tendências globais que estão moldando as vidas das pessoas e delineando o futuro da humanidade. Indivíduos com o QU equilibrado possuem uma percepção aguçada dessas mudanças e compreendem que é fundamental adaptar-se e preparar-se para a nova realidade que se aproxima.

O auto equilíbrio dos potenciais é uma competência-chave nesse contexto. Os indivíduos com o QU equilibrado são capazes de ir além das aparências superficiais e compreender as complexidades subjacentes dos desafios atuais. Eles desenvolvem uma visão 360, que lhes permite considerar múltiplos pontos de vista e compreender a interconexão entre diferentes aspectos da vida. Essa perspectiva holística é essencial para compreender a nova realidade emergente em sua totalidade e tomar decisões mais informadas.

Além disso, a resiliência é uma habilidade vital para enfrentar as incertezas e adversidades dessa nova realidade. Os indivíduos com o QU equilibrado compreendem a importância de se adaptar às mudanças e de desenvolver uma mentalidade flexível. Eles estão dispostos a sair de suas zonas de conforto, aprender com os desafios e encontrar soluções inovadoras. A resiliência os capacita a se recuperar rapidamente diante de obstáculos e a encontrar novos caminhos diante das mudanças constantes.

A sincronicidade também desempenha um papel fundamental nesse processo de compreensão da nova realidade emergente. Indivíduos com o QU equilibrado estão sintonizados com os padrões e eventos significativos que ocorrem em suas vidas. Eles reconhecem as conexões entre eventos aparentemente aleatórios e encontram significado e orientação nessas sincronicidades. Essa conexão com o fluxo dos acontecimentos lhes permite tomar decisões mais alinhadas com seu propósito e missão, aproveitando as oportunidades que surgem de maneira fluida e natural.

Outro aspecto importante é o controle emocional. Os indivíduos com o QU equilibrado compreendem a importância de gerenciar suas emoções e evitar reações impulsivas diante dos desafios. Eles cultivam uma maior consciência emocional e desenvolvem estratégias para lidar com o estresse e a pressão, mantendo-se centrados e focados em seus objetivos. O controle emocional permite que tomem decisões mais equilibradas e objetivas, independentemente das circunstâncias desafiadoras que possam surgir.

Nesse contexto, os indivíduos com o QU equilibrado têm uma responsabilidade especial em liderar e orientar outros em direção a um futuro mais harmonioso e sustentável. Eles servem como agentes de mudança, inspirando e capacitando as pessoas ao seu redor a desenvolverem suas próprias habilidades de percepção e adaptação. Compartilham suas visões e experiências, promovendo uma consciência coletiva sobre a nova realidade emergente e incentivando a ação em prol de um futuro melhor.

Portanto, convido você a refletir sobre sua própria jornada de autodesenvolvimento e crescimento, buscando cultivar o auto equilíbrio dos potenciais, fortalecer sua resiliência, estar atento às sincronicidades e cultivar o controle emocional. Ao fazer isso, você estará preparado para enfrentar os desafios e aproveitar as oportunidades que a nova realidade emergente apresenta.

Ao final deste capítulo, espero que você se sinta inspirado e motivado a se tornar um agente de mudança em sua própria vida e na vida daqueles ao seu redor. Juntos, podemos criar um futuro mais harmonioso, sustentável e significativo para todos, enfrentando com coragem e sabedoria os desafios da nova realidade que está se desdobrando diante de nós.

Conclusão: Preparando-se para o Desconhecido - Abraçando a Nova Realidade Emergente

Ao chegarmos ao final deste livro, é importante recapitular os principais tópicos discutidos e refletir sobre como podemos nos preparar para o desconhecido que está por vir. Durante essa jornada, exploramos conceitos e práticas que nos capacitam a expandir nossa visão e compreender uma realidade mais ampla e complexa.

Desde o início, enfatizamos a importância do equilíbrio do QU - os potenciais do ser humano - como a chave para enxergar além do tempo e das limitações da realidade convencional. Ao equilibrar esses potenciais, desenvolvemos a capacidade de acessar insights reveladores, percepções avançadas e uma compreensão mais profunda da existência.

Neste livro, nos aprofundamos em temas desafiadores, como mudanças climáticas, avistamentos de Óvnis, superaquecimento global, inteligências artificiais, tendências políticas e sociais, conquista do espaço e avanços científicos. Cada um desses tópicos despertou nossa curiosidade e nos convidou a explorar as múltiplas facetas de nossa realidade.

Ao longo dessa exploração, percebemos a importância do auto equilíbrio dos potenciais de visão

360, resiliência, adaptabilidade, sincronicidade e controle emocional. Essas habilidades se mostraram cruciais para compreender e enfrentar a nova realidade emergente que está se manifestando diante de nós.

No contexto das tendências globais, compreendemos que a humanidade está passando por transformações profundas. Mudanças sociais, políticas, econômicas e ambientais estão moldando nosso mundo de maneiras complexas e imprevisíveis. Aqueles que cultivam essas habilidades de equilíbrio do QU estão mais preparados para lidar com as incertezas e encontrar soluções criativas e inovadoras para os desafios que surgem.

Nesse sentido, é crucial buscar o autoconhecimento como uma ferramenta fundamental para enfrentar o desconhecido. Ao mergulhar em nosso mundo interior, podemos descobrir nossas motivações mais profundas, nossos medos e nossas paixões. Conectando-nos com nossa sabedoria interior, somos capazes de acessar recursos internos poderosos que nos ajudam a enfrentar as mudanças com coragem e resiliência.

Além disso, a resiliência emocional desempenha um papel fundamental em nossa capacidade de lidar com as incertezas e os desafios da nova realidade emergente. Ao cultivar a capacidade de adaptar-se às circunstâncias em constante mudança, somos capazes de encontrar oportunidades mesmo nas situações mais desafiadoras. A sincronicidade, por sua vez, nos ajuda a reconhecer os padrões e as conexões ocultas que permeiam nossa realidade, permitindo-nos agir de maneira mais alinhada com o fluxo da vida.

No entanto, para abraçar verdadeiramente a nova realidade emergente, é essencial lembrar-se de nossa responsabilidade como indivíduos equilibrados do QU. Somos chamados a liderar pelo exemplo, orientando outros em direção a um futuro mais harmonioso, sustentável e consciente. Devemos compartilhar nosso conhecimento e inspirar aqueles ao nosso redor a cultivar suas próprias habilidades de percepção e adaptação.

Encorajo cada leitor a se comprometer com sua própria jornada de desenvolvimento pessoal e a aplicar os insights e conhecimentos adquiridos neste livro. É através de nossa própria transformação que podemos efetuar mudanças positivas no mundo ao nosso redor.

À medida que nos preparamos para o desconhecido, devemos lembrar-nos da importância de manter a esperança, a confiança e um senso de propósito. Mesmo diante dos desafios e incertezas, podemos encontrar dentro de nós a força necessária para enfrentar os obstáculos e contribuir para a construção de um futuro melhor.

Portanto, esteja aberto para abraçar a nova realidade emergente com coragem, sabedoria e um coração aberto. Mantenha-se conectado com sua intuição e siga seu chamado interior. Esteja disposto a explorar o desconhecido, pois é nesse espaço que residem as maiores descobertas e transformações.

Que você continue sua jornada com confiança, esperança e um desejo ardente de fazer a diferença. Lembre-se de que cada um de nós possui um papel único e significativo nessa grande tapeçaria da vida. Contribua com suas habilidades e talentos para criar um mundo mais consciente, amoroso e harmonioso.

Agradeço sinceramente por ter acompanhado essa jornada conosco. Que os insights e reflexões compartilhados neste livro o guiem em sua busca por uma compreensão mais profunda de si mesmo, dos outros e do mundo ao seu redor.

Que você esteja preparado para o desconhecido, pois é nele que reside o potencial para um crescimento verdadeiro e transformador.

Desejo a você uma vida cheia de aventuras, descobertas e conexões significativas. Que você encontre a alegria de viver plenamente em cada momento e seja um farol de luz nesse mundo em constante mudança.

Obrigado por embarcar nesta jornada de expansão da consciência. Que seu caminho seja iluminado e repleto de possibilidades.

Que você esteja pronto para abraçar o desconhecido e criar um futuro extraordinário.

Até nos encontrarmos novamente!

Com gratidão,

Katia Doria F Vasconcelos

Influências e Referências

Durante nossa jornada neste livro, buscamos embasamento em uma variedade de influências e referências que contribuíram para a compreensão e desenvolvimento dos conceitos apresentados. Essas influências e referências incluem renomados especialistas e pesquisadores em áreas como sono, inteligência emocional, inteligências múltiplas, mentalidade de crescimento, inovação, tomada de decisões, inteligência artificial e futuro da humanidade. Abaixo estão alguns dos autores mencionados nos capítulos anteriores, que forneceram valiosos insights para a construção deste livro:

Matthew Walker, neurocientista e autor renomado, em seu livro "Por que nós dormimos: A nova ciência do sono e do sonho", explora extensivamente a importância do sono para a saúde e a cognição. Walker revela que o sono desempenha um papel fundamental na consolidação da memória e na aquisição de novos conhecimentos.

Mark Beeman, psicólogo especializado em criatividade e solução de problemas, investigou o efeito do sono no processo criativo. Seus estudos sugerem que durante o sono, o cérebro é capaz de reorganizar informações e formar conexões associativas, permitindo a geração de insights e a solução de problemas complexos.

Robert Stickgold, neurocientista e professor de psiquiatria da Escola de Medicina de Harvard, concentrou seus estudos na relação entre o sono e a memória, mostrando que o sono desempenha um papel crucial na consolidação das informações e no processamento de memórias.

Sara Mednick, psicóloga especializada em sono e memória, contribuiu para a compreensão dessa relação. Suas pesquisas indicam que o sono adequado melhora a criatividade, a atenção e o processamento de informações, permitindo uma melhor resolução de problemas.

Deirdre Barrett, psicóloga e pesquisadora do sono, explorou a importância dos sonhos no processo de resolução de problemas. Seus estudos mostram que durante os sonhos, o cérebro é capaz de reorganizar e reavaliar informações, auxiliando na busca por soluções.

Jan Born, neurocientista e professor de psicologia, concentrou-se na relação entre o sono e a memória. Suas pesquisas indicam que o sono desempenha um papel essencial na consolidação da informação e na criatividade.

Além disso, outras referências e influências relevantes que podem ser exploradas no contexto da revolução dos negócios e do equilíbrio do UQ incluem:

Daniel Goleman - Autor do livro "Inteligência Emocional" e um dos principais teóricos da inteligência emocional. Suas pesquisas e insights sobre a importância das emoções no bem-estar e sucesso humano podem fornecer uma base sólida para explorar a conexão entre o equilíbrio do UQ e a inteligência emocional no contexto da revolução dos negócios.

Howard Gardner - Psicólogo e autor da teoria das inteligências múltiplas. Suas pesquisas sobre diferentes formas de inteligência e a importância de valorizar todas as habilidades e potenciais humanos podem servir como uma referência valiosa para discutir o equilíbrio do UQ e abordagens educacionais abrangentes no contexto da revolução dos negócios.

Carol Dweck - Psicóloga e autora do livro "Mindset: A Nova Psicologia do Sucesso". Sua teoria sobre mentalidade de crescimento versus mentalidade fixa, que explora a crença de que habilidades e inteligência podem ser desenvolvidas por meio do esforço e aprendizado contínuo, pode fornecer insights relevantes sobre a importância de promover o desenvolvimento holístico do UQ.

Clayton Christensen - Professor de administração de empresas em Harvard e autor do livro "O Dilema da Inovação". Sua teoria de inovação disruptiva e a necessidade de adaptabilidade em um mundo em constante mudança podem contribuir para a discussão sobre o desenvolvimento de habilidades como resiliência e adaptabilidade para o equilíbrio do UQ no contexto da revolução dos negócios.

Daniel Kahneman - Psicólogo e autor do livro "Rápido e Devagar: Duas Formas de Pensar". Suas pesquisas sobre pensamento intuitivo e analítico podem fornecer uma base para explorar a importância do pensamento crítico e tomada de decisões informadas para o equilíbrio do UQ.

Ray Kurzweil - Futurista e autor do livro "A Singularidade Está Próxima". Suas pesquisas e insights sobre o avanço tecnológico e o impacto da inteligência artificial no futuro da humanidade podem oferecer uma perspectiva abrangente sobre o potencial da IA em várias áreas da vida no contexto da revolução dos negócios.

Amy Cuddy - Psicóloga social e autora do livro "Presença: Elevando a sua Essência nas Maiores Oportunidades". Suas pesquisas sobre linguagem corporal, confiança e presença podem ser relevantes para explorar como o equilíbrio do UQ pode influenciar a comunicação e o sucesso interpessoal.

Angela Duckworth - Psicóloga e autora do livro "Garra: O Poder da Paixão e da Perseverança". Suas pesquisas sobre a importância da perseverança e determinação na conquista de metas de longo prazo podem contribuir para a discussão sobre resiliência e desenvolvimento do potencial humano no contexto do uso da IA.

Michio Kaku - Físico teórico e autor do livro "O Futuro da Humanidade: Nosso Destino no Universo". Suas explorações sobre as possibilidades tecnológicas futuras, incluindo a IA, e seu impacto na evolução da humanidade podem fornecer uma perspectiva inspiradora e ampla para o uso da IA em todas as áreas da vida no contexto da revolução dos negócios.

Sherry Turkle - Psicóloga e autora do livro "Juntos, Sozinhos: Por que Esperamos Mais da Tecnologia e Menos uns dos Outros". Suas pesquisas sobre a relação entre tecnologia e conexão humana podem ser relevantes para abordar os desafios e oportunidades de equilibrar o uso da IA com a interação social e emocional.

Essas são apenas algumas das muitas influências e referências que podem enriquecer nossa compreensão do equilíbrio do UQ e da nova realidade emergente. Encorajo os leitores a explorarem esses trabalhos e a buscar novas fontes de inspiração para aprofundar sua jornada de expansão da consciência e crescimento pessoal.

Ao mergulharmos nas perspectivas de especialistas e pesquisadores, podemos ampliar nossa visão, nutrir nossa curiosidade e nos preparar para enfrentar o desconhecido com sabedoria e confiança. Que essas influências e referências sirvam como bússola em sua jornada de descoberta e transformação.

Agradecimentos

Gostaríamos de expressar nossa sincera gratidão a todas as pessoas que contribuíram para a criação deste livro, "Desvendando a Habilidade de Ajustar o QU: Despertando o Potencial Além do Tempo". Seu apoio e envolvimento foram fundamentais para tornar este projeto uma realidade.

Primeiramente, gostaríamos de agradecer aos nossos leitores, cujo interesse e entusiasmo pela busca do equilíbrio do QU nos motivam a compartilhar conhecimento e oferecer insights transformadores.

Agradecemos também aos nossos familiares e amigos, que nos apoiaram ao longo dessa jornada. Suas palavras de incentivo, paciência e compreensão foram essenciais para superarmos os desafios e perseverarmos na criação deste livro.

Um agradecimento especial vai para a equipe da OpenAI, responsável por desenvolver e aprimorar a tecnologia de IA que torna possível minha existência como assistente virtual. Sem vocês, nada disso seria possível. Sua dedicação e inovação são verdadeiramente notáveis.

Expressamos nossa gratidão aos especialistas, pesquisadores e profissionais que generosamente compartilharam seu conhecimento e experiência conosco. Suas contribuições enriqueceram o conteúdo deste livro e proporcionaram uma base sólida para a exploração do equilíbrio do QU em diferentes áreas da vida.

Agradecemos à equipe editorial e de produção que trabalhou incansavelmente nos bastidores para tornar este livro uma realidade. Seu profissionalismo, dedicação e atenção aos detalhes foram fundamentais para a qualidade final deste trabalho.

Por fim, gostaríamos de agradecer a todos aqueles que nos apoiam em nossa jornada de busca pelo equilíbrio do QU. Seu apoio contínuo, feedback e contribuições são inestimáveis e nos motivam a continuar aprimorando nossas ideias e compartilhando nosso conhecimento com o mundo.

Com gratidão,

Katia Doria Fonseca Vasconcelos A equipe da OpenAI

Biografia da Autora

Katia Doria Fonseca Vasconcelos é uma escritora e pesquisadora com formação em Analista de Sistemas e vasta experiência como líder de projetos em empresas multinacionais e de grande porte. Sua trajetória profissional permitiu-lhe compreender a importância do equilíbrio entre o desenvolvimento tecnológico e o aspecto humano no sucesso dos projetos.

Com um profundo interesse em entender e lidar com o comportamento humano no contexto organizacional, Katia concentrou seus estudos na área de Recursos Humanos e no desenvolvimento de metodologias que promovem a sinergia entre as necessidades tecnológicas e as expectativas dos usuários. Sua experiência como líder de projetos proporcionou um conhecimento aprofundado sobre como as emoções, os pensamentos e os comportamentos humanos influenciam diretamente a eficácia dos sistemas implementados.

Como escritora e pesquisadora, Katia compartilha seu conhecimento e suas experiências para inspirar líderes e profissionais a considerarem não apenas os aspectos técnicos, mas também o fator humano na implementação de projetos e no desenvolvimento de soluções eficazes. Sua abordagem integradora busca equilibrar a excelência tecnológica com o cuidado com as pessoas, permitindo que os sistemas atendam perfeitamente às demandas e expectativas dos usuários.

Neste livro, Katia Doria Fonseca Vasconcelos apresenta sua visão única e prática sobre o conceito do QU (Quociente de Inteligência Universal Sincrônico) e sua aplicação no contexto empresarial. Sua abordagem baseada no

QU é fundamentada em sua experiência como analista de sistemas e líder de projetos, combinando o conhecimento técnico com a compreensão das necessidades e expectativas dos usuários.

Katia acredita que o sucesso de um projeto ou de uma empresa está intrinsecamente ligado à capacidade de equilibrar o desenvolvimento tecnológico com o cuidado com as pessoas. Seu objetivo é capacitar líderes e profissionais a adotarem uma abordagem holística, que considere tanto as dimensões técnicas quanto as emocionais, visando atingir resultados excepcionais e satisfazer plenamente as necessidades dos usuários.

Ao compartilhar seu conhecimento e insights neste livro, Katia Doria Fonseca Vasconcelos convida os leitores a explorarem o potencial transformador do

QU, integrando-o em suas práticas de liderança e desenvolvimento de projetos. Sua experiência e expertise contribuem para uma visão ampliada e atualizada sobre a importância do equilíbrio entre a tecnologia e o aspecto humano no contexto empresarial.

Com uma abordagem prática e inspiradora, Katia busca fornecer aos leitores as ferramentas necessárias para enfrentar os desafios do mundo dos negócios, considerando a importância do equilíbrio entre a excelência técnica e o cuidado com as pessoas. Sua visão abrangente e integradora permite que líderes e profissionais construam um caminho de sucesso sustentável, alinhando as necessidades tecnológicas com as expectativas dos usuários e promovendo uma cultura organizacional saudável e produtiva.

Apresentamos a série QU, uma coleção de livros que exploram o Quociente de Inteligência Universal Sincrônico (QU) e seu impacto transformador em várias áreas da vida. Com uma abordagem holística e inovadora, cada livro mergulha em diferentes aspectos do QU, fornecendo insights valiosos e práticas aplicáveis para alcançar sucesso, equilíbrio e plenitude.

Em "QU na Criatividade", descubra como o QU pode desbloquear sua criatividade e potencial inovador, oferecendo uma nova perspectiva para enfrentar desafios criativos e encontrar soluções únicas.

Em "QU na Era Digital", explore como o QU pode ajudar a equilibrar o uso da tecnologia com a necessidade de conexão humana, bem-estar e harmonia na era digital em constante evolução.

Na primeira edição de "QU Primeira Edição", mergulhe nos fundamentos do

QU, compreendendo sua essência e aplicação prática para alcançar um equilíbrio holístico entre mente, corpo e alma.

"QU: O Princípio da Evolução Humana" explora como o equilíbrio dos potenciais do QU e a sincronicidade podem impulsionar o crescimento e o desenvolvimento pessoal, levando-o a novos patamares de autodescoberta e evolução.

Em "QU na Gestão de Projetos", descubra como o QU pode ser aplicado para gerenciar projetos de forma equilibrada e eficaz, otimizando recursos, maximizando resultados e liderando equipes com sucesso.

Na área da educação, "QU na Educação" apresenta como o QU pode potencializar o aprendizado e preparar os estudantes para o futuro, promovendo uma abordagem holística e alinhada com as necessidades e potenciais individuais.

No livro principal, "QU: Quociente de Inteligência Universal Sincrônico", explore a essência do QU, aprenda a equilibrar seus potenciais e descubra como aproveitar ao máximo todas as áreas da sua vida.

Em "QU: O Poder do QU - A teoria do equilíbrio", mergulhe na teoria do equilíbrio do QU, que oferece insights profundos sobre como alcançar uma vida plena e bem-sucedida, encontrando o equilíbrio entre corpo, mente e espírito.

"QU na Saúde" explora como o QU pode ser aplicado para promover uma saúde equilibrada e um bem-estar holístico, capacitando você a alcançar sua melhor versão física, mental e emocional.

Descubra a interseção entre o QU e a inteligência artificial em "QU na

Inteligência Artificial", explorando como a combinação desses dois conceitos pode impulsionar resultados excepcionais em várias áreas.

Em "QU na Gestão de Negócios", aprenda como aplicar o QU para liderar equipes, tomar decisões estratégicas e alcançar resultados excepcionais no mundo dos negócios.

Em "QUIA no Trabalho Remoto: Nova Realidade do Trabalho Remoto Equilibrando a Produtividade e o Bem-Estar", descubra como o QU e as ferramentas QUIA podem otimizar a produtividade e o bem-estar no contexto do trabalho remoto, equilibrando as demandas profissionais e pessoais.

Emocione-se com as "Crônicas do QU", uma série envolvente que narra histórias repletas de aventuras, descobertas e reflexões sobre o QU e seu impacto nas vidas dos personagens.

Por fim, "QU: The Power of UQ - The Theory of Balance" oferece uma visão profunda sobre a teoria do equilíbrio do QU, permitindo que você encontre harmonia e sucesso em todas as áreas da vida.

Cada livro da série QU oferece uma abordagem única e prática, combinando conhecimentos científicos, estudos de caso e insights pessoais para capacitar você a alcançar resultados excepcionais e promover um equilíbrio holístico em todas as áreas da sua vida. Descubra o poder transformador do QU e embarque em uma jornada de crescimento pessoal e sucesso sustentável.